Cangrejo

Serie "Datos curiosos sobre los animales acuáticos para niños"

Escrito por Michelle Hawkins

Cangrejo

Serie "Datos curiosos sobre los animales del océano para niños"
Por: Michelle Hawkins
Versión 1.1 ~Agosto 2021
Publicado por Michelle Hawkins en KDP

Los verdaderos cangrejos tienen diez patas, por lo que son decápodos.

Algunos de los cangrejos verdaderos son el cangrejo azul, el cangrejo fantasma y el cangrejo araña.

Un cangrejo ermitaño no es un cangrejo de verdad.

El cuerpo plano del cangrejo le ayuda a meterse en espacios diminutos.

Los cangrejos se encuentran en todos los océanos del mundo, incluso en la Antártida.

La cola de un cangrejo es muy corta.

Hay 4.500 especies de cangrejos verdaderos en el mundo.

El cangrejo azul japonés es el que come la mayoría de la gente en el mundo.

Las aves y los peces comen cangrejos.

Los cangrejos se encuentran principalmente en los arrecifes de coral y en las piscinas rocosas del océano.

Los cangrejos son crustáceos.

El cangrejo de los cocoteros puede trepar a los árboles.

La vida media de un cangrejo es de tres a cuatro años.

Cuando un cangrejo necesita un nuevo caparazón, éste se rompe y el cangrejo sale de él, lo que se denomina muda.

La muda puede ocurrir de seis a siete veces en la vida de un cangrejo.

De las diez patas de un cangrejo, dos son pinzas que se utilizan para atrapar la comida.

Un grupo de Cangrejos se llama reparto.

Los cangrejos machos se pelean por una hembra.

Los cangrejos sólo tienen un par de pinzas.

La constelación de Cáncer lleva el nombre de Cangrejo.

Los cangrejos son una de las especies más antiguas del mundo.

Si un Cangrejo pierde una extremidad, puede volver a crecer en un año.

El Cangrejo Sally Lightfoot es el más colorido con los colores naranja, rojo, blanco y amarillo.

El caparazón de un cangrejo es duro en la parte superior y blando en la inferior.

Los cangrejos se reproducen poniendo huevos

Las pinzas se comunican entre sí agitando y tamborileando sus pinzas.

El cangrejo más grande es el cangrejo araña japonés que mide 18 pies de largo desde cada una de sus pinzas.

El Cangrejo macho tiene pinzas azules.

El Aratus Pisonii es un cangrejo arbóreo.

Un cangrejo como mascota puede vivir más tiempo que un cangrejo salvaje.

Los cangrejos son conocidos como la araña del mar.

Algunos cangrejos no saben nadar.

Las pinzas de los cangrejos se llaman chalae.

El abdomen de la hembra del cangrejo es ancho y redondo.

El cuerpo del cangrejo se divide en siete partes diferentes.

Los cangrejos se alimentan
principalmente de algas,
almejas y peces.

El signo astrológico Cáncer
lleva el nombre de un Cangrejo.

La especie de cangrejo más
antigua que se conoce es el
cangrejo araña japonés.

Los cangrejos pueden ver bien dentro y fuera del agua.

Los humanos comen 1,5 millones de toneladas de cangrejos cada año.

Los cangrejos pueden ver en color.

Los cangrejos pueden vivir en agua salada, agua dulce y en tierra.

Los cangrejos tienen ojos compuestos.

Los cangrejos sólo están preñados durante dos semanas.

La mayoría de los Cangrejos caminan mejor de lado.

La hembra del cangrejo tiene pinzas rojas.

Los cangrejos son los que más disfrutan comiendo algas.

El esqueleto de un cangrejo se llama exoesqueleto.

Los cangrejos hembra tienen pinzas más pequeñas que los machos.

Los cangrejos forman parte de la familia de los crustáceos.

Mientras las branquias de un cangrejo estén húmedas, pueden vivir en tierra.

Los ojos de un Cangrejo se encuentran en la parte superior de su cabeza en un tallo.

Un huevo de cangrejo comienza con el tamaño de la cabeza de un alfiler.

El Cangrejo más pequeño es el Cangrejo de Guisante, del tamaño de un guisante.

Los cangrejos tienen cuatro pares de patas.

El cangrejo araña europeo puede migrar hasta 100 millas cada año.

El cangrejo araña japonés puede vivir hasta 100 años.

Las patas del cangrejo pueden doblarse en sus articulaciones.

Los dientes de un cangrejo se encuentran en su estómago.

El tamaño de los cangrejos puede variar desde 0,4 pulgadas hasta 13 pies.

El abdomen del cangrejo macho es estrecho y triangular.

Después de que un Cangrejo se funde, toma tres días para que el nuevo caparazón se endurezca.

Los ojos de un Cangrejo tienen cientos de lentes.

Los cangrejos pueden caminar en cualquier dirección.

Los cangrejos se entierran en la arena para esconderse de los depredadores.

Los cangrejos se comunican con sus pinzas.

Los cangrejos utilizan sus pinzas para cortar y aplastar.

Los cangrejos son nocturnos porque se mueven más por la noche que por el día.

El caparazón del cangrejo está formado por carbonato cálcico.

Las patas traseras del cangrejo sirven para nadar.

Los cangrejos son invertebrados, no tienen columna vertebral.

Los cangrejos viven principalmente en las partes poco profundas del agua.

Los ojos de los cangrejos les permiten ver todo.

La mayoría de los cangrejos tienen branquias como los peces.

Los cangrejos mastican y digieren su comida en su estómago.

Las crías de cangrejo se llaman crías.

Los cangrejos hembra ponen millones de huevos.

La carne de cangrejo tiene un alto contenido en vitamina B12.

Cuando el caparazón se abre, los cangrejos salen de él.

Los cangrejos son omnívoros porque comen tanto plantas como animales.

Los cangrejos machos y hembras se diferencian por su abdomen.

El cangrejo violinista sólo tiene una pinza.

Encuéntrame en Amazon en:

https://amzn.to/3oqoXoG

y en Facebook en:

https://bit.ly/3ovFJ5V

Otros libros de Michelle Hawkins

Serie

Datos curiosos sobre aves para niños.

Datos curiosos sobre frutas y verduras

Datos curiosos sobre los animales pequeños

Datos curiosos sobre perros para niños.

Datos curiosos sobre dátiles para niños.

Datos curiosos sobre los animales del zoo para niños

Datos curiosos sobre los animales de la granja para niños

Datos curiosos sobre animales del océano para niños.

El 10% de todos los beneficios se dona a World Vision en https://rb.gy/cahrb0

Made in the USA
Monee, IL
25 January 2023

26079286R00021